D1663376

PHILIPPE LEGENDRE

Zeichenspaß für Kinder

Lustige Tiermotive

Bechtermünz Verlag

Liebe Eltern, liebe Erzieher,

alle Kinder können Kreise, Vierecke und Dreiecke zeichnen.
Und daher gelingt ihnen auch ein Hund, ein Eichhörnchen oder ein Schaf!
Unsere Methode ist einfach und macht Spaß. Durch sie lernen die Kinder das ABC
der Formen und die Grundtechnik des Zeichnens.

Die Kombination geometrischer Formen läßt die Grundgestalt des Bildes entstehen.
Es genügen dann einige freigeführte Linien, um der Skizze
ihren endgültigen Ausdruck zu verleihen.
So entsteht mit wenigen Bleistiftstrichen ein Tier. Mit etwas Farbe
wird daraus ein schönes Bild.

Die Methode ermöglicht es, sich systematisch dem Bildaufbau
in seinen Proportionen, seinem Umfang und seiner Linienführung anzunähern.
Durch die Einfachheit dieser Technik bleibt stets die Freude
am Zeichnen wichtigster Gesichtspunkt.

PHILIPPE LEGENDRE

Philippe Legendre fertigt Illustrationen und Gravuren an.
Außerdem führt er ein Zeichenatelier für 6- bis 14-Jährige.

Bei seiner häufigen Arbeit an Schulen hat er die vorliegende Methode
entwickelt, mit der er allen Kindern den Zugang
zum kreativen Zeichnen ermöglichen will.

Wichtige Tips

1. Jede Zeichnung geht von einigen geometrischen Formen aus, die oben auf der Seite eingetragen sind. Das sind die Bildbausteine. Schaue Dir diese Formen vor dem eigentlichen Zeichnen erst einmal an und übe sie.

2. Skizziere das Bild mit Bleistift. Verwende kein Lineal oder Zirkel.

3. Die gestrichelten Linien sind Hilfslinien, die wegradiert werden sollen.

4. Wenn die Zeichnung fertig ist, kannst Du sie farbig ausmalen. Wenn Du Lust hast, ziehe die Bleistiftlinien schwarz nach.

Und nun : Stift in die Hand und los geht's !

Haustiere

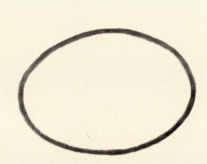

Ein runder Körper...

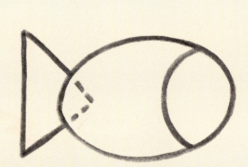

spitze Flossen...

und schuppige Haut

Der Fisch

Rundungen...

vom Kopf bis
zu den Pfoten...

und ein
krauses Fell

Der Pudel

Es wackelt mit den Ohren...

mümmelt mit dem Näschen...

und hat ein rundes Schwänzchen

Das Kaninchen

Kreise...

Dreiecke...

und schon schnurrt die Katze

Die Katze

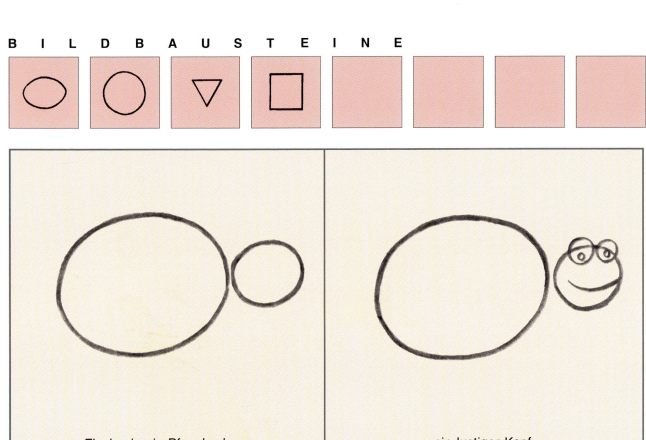

Flach wie ein Pfannkuchen...

ein lustiger Kopf...

kurze Beine...

und ein schützender Panzer

Die Schildkröte

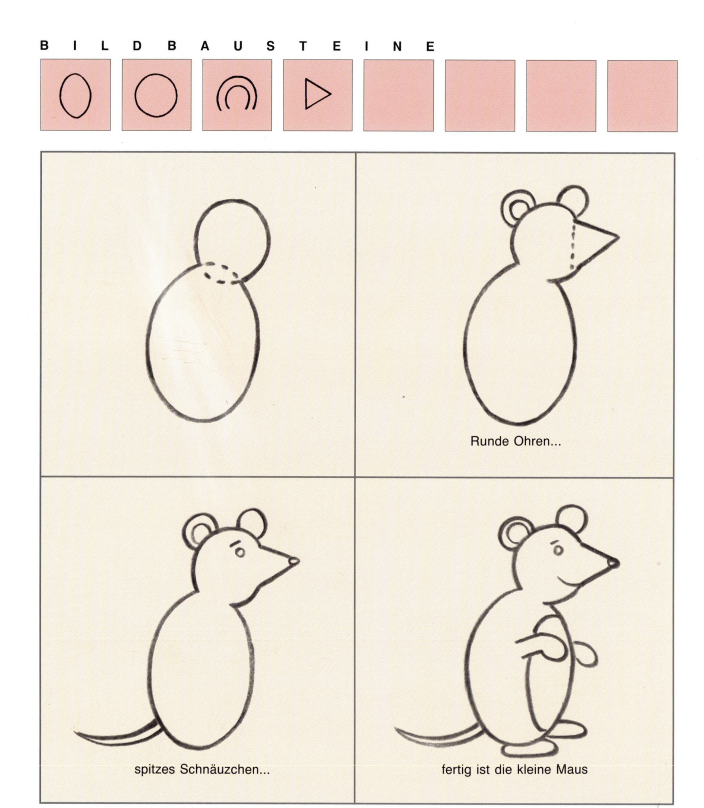

Runde Ohren...

spitzes Schnäuzchen...

fertig ist die kleine Maus

Die Maus

Lange Schnauze...

gespitzte Ohren...

ein wachsamer Hund

Der Hund

Lebt nicht im Meer...

ist kein Schweinchen...

und quiekt doch

Das Meerschweinchen

Ovaler Körper...

lange Schwanzfedern...

und zwitschert den ganzen Tag

Der Wellensittich

Alle Tiere sind hier friedlich im Haus zusammengekommen.

Zeichne ein Bild mit Deinen Lieblingstieren !

Tiere des Waldes

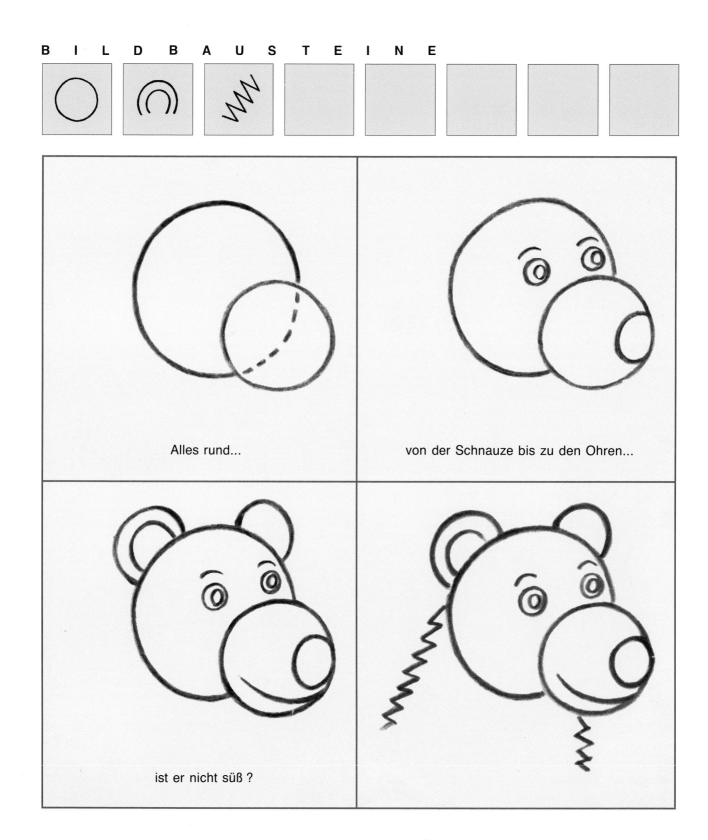

Alles rund...

von der Schnauze bis zu den Ohren...

ist er nicht süß ?

Der Bär

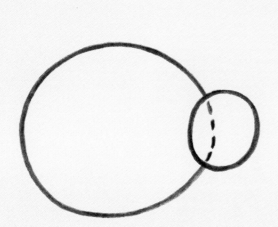

Er rollt sich zu einer Kugel zusammen...

Er ist ganz und gar nicht böse...

trotz seiner Stacheln

Der Igel

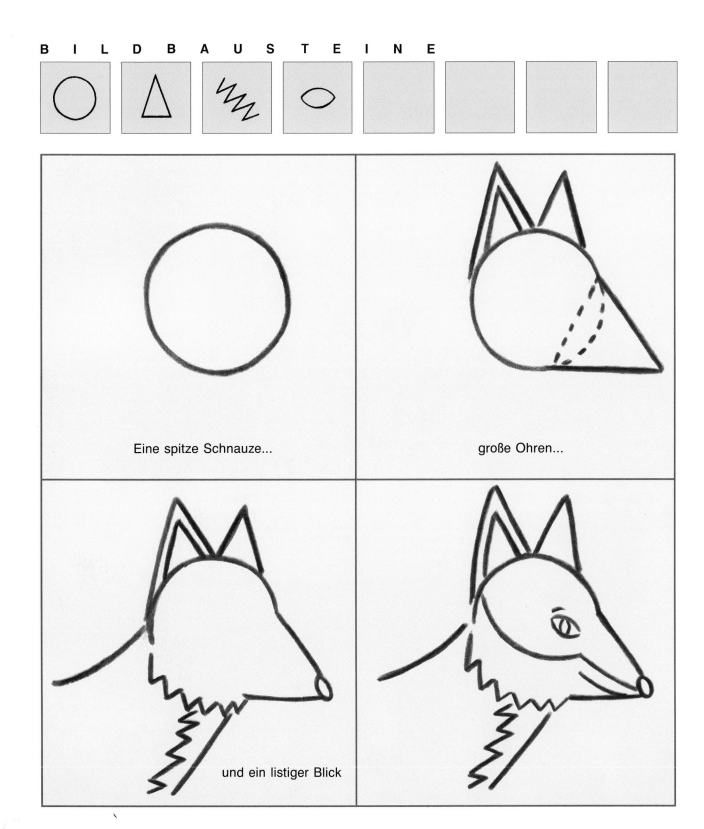

Eine spitze Schnauze...

große Ohren...

und ein listiger Blick

Der Fuchs

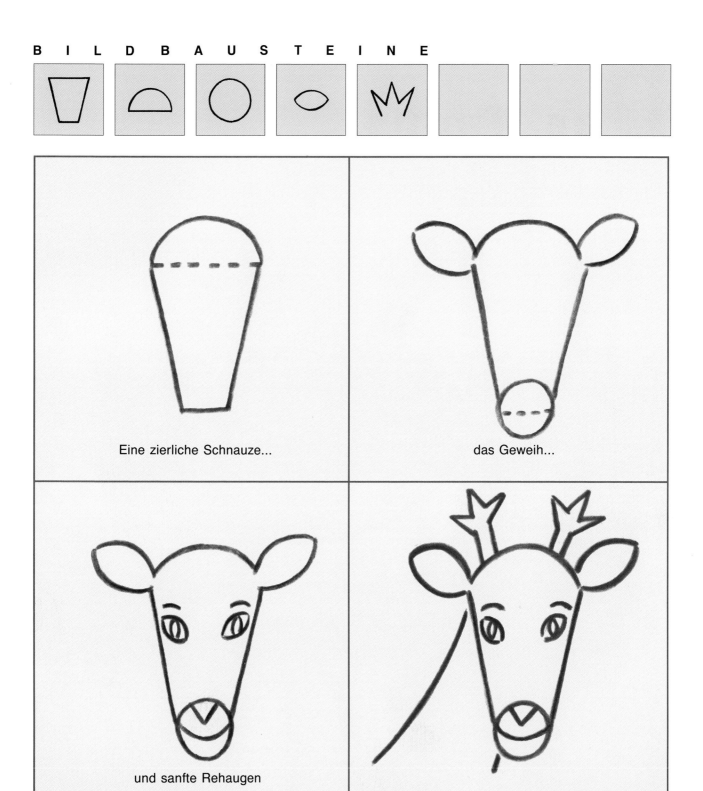

BILDBAUSTEINE

Eine zierliche Schnauze...

das Geweih...

und sanfte Rehaugen

Das Reh

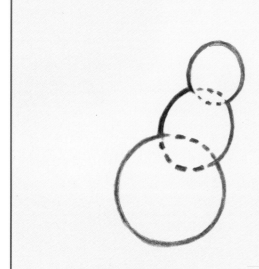

Ein Dreikäsehoch...

mit nußbraunen Augen...

das flinke Eichhörnchen

Das Eichhörnchen

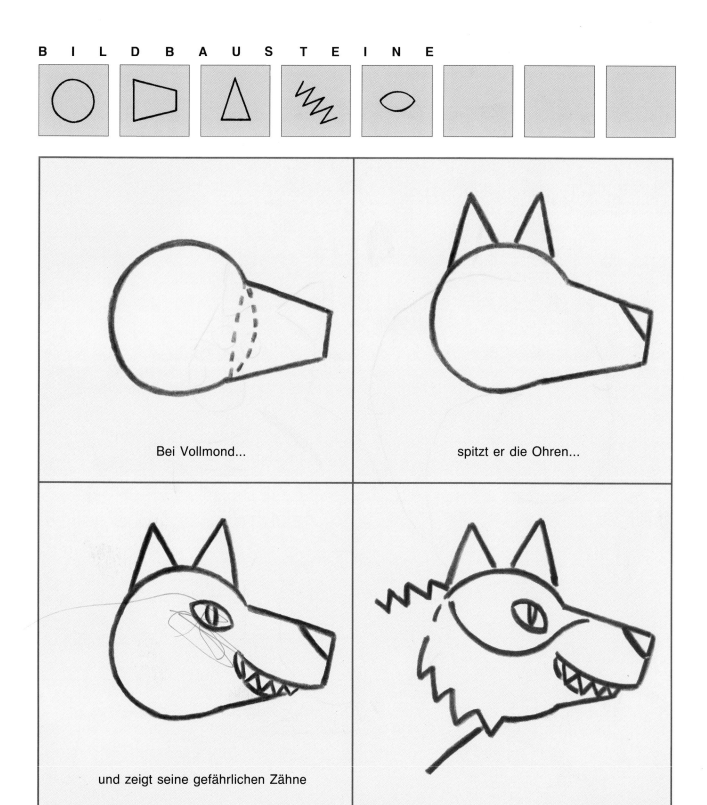

Bei Vollmond...

spitzt er die Ohren...

und zeigt seine gefährlichen Zähne

Der Wolf

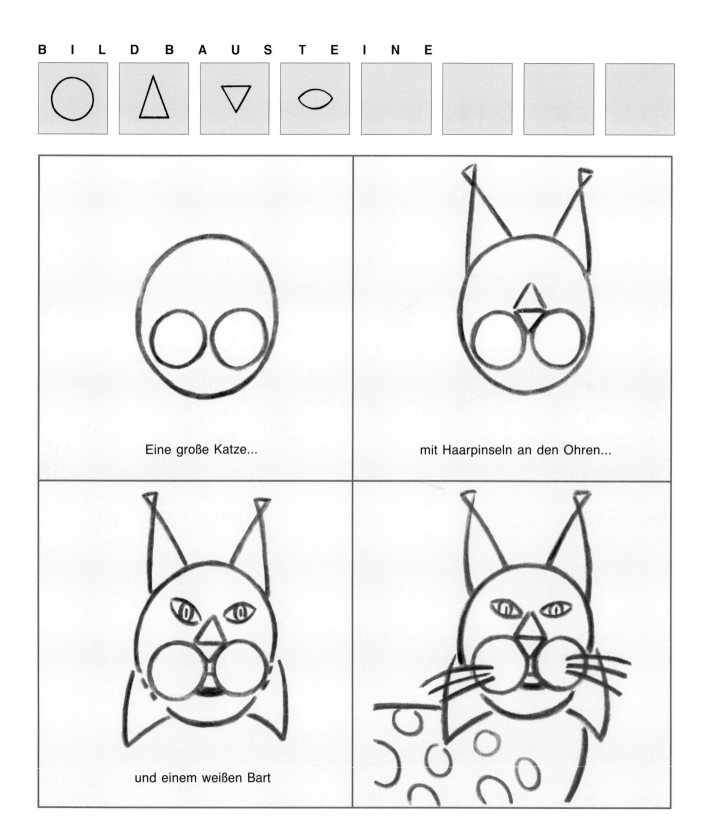

Eine große Katze...

mit Haarpinseln an den Ohren...

und einem weißen Bart

Der Luchs

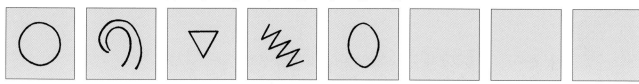

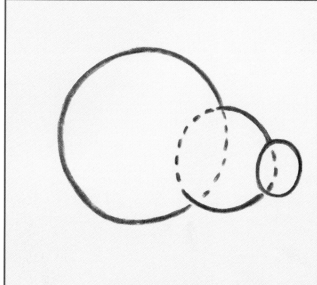

Ein riesiger Schädel...

und stachliges Fell...

wie ein schlechtrasiertes Schwein

Das Wildschwein

Rundungen...

Augen wie eine Brille...

um nachts gut zu sehen

Die Eule

Der Mond steht am Himmel. Ganz leise kommen die Tiere aus ihren Verstecken, und im Wald wird's lebendig!

Erfinde selbst einen Wald mit all den Tieren, die Du gerade zu zeichnen gelernt hast !

Tiere auf dem Bauernhof

Freund der Kinder...

mit weißer Schnauze...

und langen Ohren

Der Esel

BILDBAUSTEINE

Rosa Nase...

große, sanfte Augen...

und zwei gebogene Hörner

Die Kuh

Rund und dick...

ist das Schwein...

das gerne frisst

Das Schwein

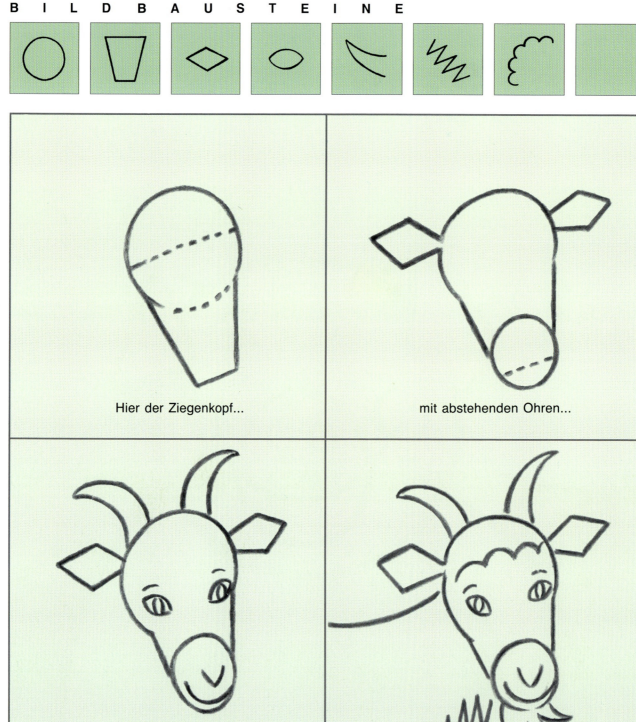

Hier der Ziegenkopf...

mit abstehenden Ohren...

und einem Bart am Kinn

Die Ziege

Das ist das Schaf...

mit weißem Fell...

wie eine Wolke aus Wolle

Das Schaf

Put, put, put...

ruft man das Huhn...

das gackert und pickt

Das Huhn

Kreis und Trapez...

ein paar Linien...

und fertig ist der Pferdekopf

Das Pferd

Zwei große Kreise...

noch ein kleiner...

schon schnattert
die Gans

Die Gans

Kikeriki...

kräht der Hahn...

auf dem Misthaufen

Der Hahn

Blauer Himmel, grünes Gras — alle Tiere auf dem Bauernhof sind zufrieden.

Male deinen eigenen Bauernhof mit all den Tieren, die du jetzt zeichnen kannst!

Genehmigte Lizenzausgabe für Weltbild Verlag GmbH, Augsburg 2000
(Sammelband der im Fleurus Verlag erschienenen Ausgaben „Zeichenspaß. Haustiere",
„Zeichenspaß. Tiere des Waldes" und „Zeichenspaß. Tiere auf dem Bauernhof")
Copyright © der französischen Originalausgabe by Editions Fleurus, Paris 1992
Copyright © der deutschsprachigen Ausgabe by Fleurus Verlag GmbH, Saarbrücken 1994
Titel der französischen Ausgaben: „J'apprends à dessiner les animaux de la maison",
„J'apprends à dessiner les animaux de la forêt", „J'apprends à dessiner les animaux de la ferme"
Übersetzung: Stefanie Gabriel und Susanne Kaufmann
Umschlaggestaltung: Artelier für Grafik und Werbung, Peter Hofstätter, München
Gesamtherstellung: Druckerei Appl, Wemding
Printed in Germany
ISBN 3-8289-5988-1